がんばらなくていい！
楽(ラク)シニアの作りおき

藤野嘉子

はじめに

最近、お料理の「作りおき」がブームになっていますね。
計画性があって経済的なうえ、どうやらダイエットにもなるようです。
我が家でも、かつてはきんぴらごぼうやミートソース、肉みそ、チャーシューなど、
いろいろな作りおきおかずをたっぷりと作っていました。
夫婦で仕事をしていたし、作りおきは本当に便利で、とにかくフル活用。
子どもが3人いたので、いくら作ってもあっという間に空になり、
それはそれで、とても楽しい「作りおき生活」でした。

ところが子どもたちが独立していくと、少し様子が変わってきました。
がんばって作ってみるものの、あまり減らないのです。
何度も食卓に登場させ、それでも最後には「ごめんね」をしたりして
寂しい思いをしたこともあります。
私も休みのとき、まとめて作るのがおっくうになったり。

この本では、そんな経験をもとに、本当に簡単でおいしい作りおきを紹介しています。
料理の間に切ったり、混ぜたり、つけたりすれば、それでいい。
そんなふうになるべくワンアクションでできるものを考えました。
一度作ったおかずが何回も食卓に出て、
「また、これ？」と思われないように、「ごめんね」をしなくてすむように、
アレンジレシピもいろいろあります。
最後に残った1本、1個の野菜たちを食べ忘れないような工夫もしました。

野菜が切ってあるだけでも、ごはん作りのハードルはぐんと下がり、心が楽になります。
ぜひ、みなさんも「我が家の定番作りおき」を見つけ、
「楽」で「楽しい」毎日を過ごしてくださいね。

藤野嘉子

「楽シニアの作りおき」目次

はじめに …………………………………………………… 3
「楽シニアの作りおき」5つの提案 ……………………… 8
常備しておきたい便利な調味料 ………………………… 10

第一章
野菜メインの作りおき

＜とりあえず素材を冷凍＞

○冷凍トマト …………………………………………………… 12
アレンジその1　トマトカレー ………………………… 13
アレンジその2　ミニトマトのスープ ………………… 13

○冷凍長ねぎ …………………………………………………… 14
アレンジその1　長ねぎとたらこのパスタ …………… 15
アレンジその2　長ねぎと牛肉のみそ煮込み ………… 15

○冷凍白菜 ……………………………………………………… 16
アレンジその1　白菜とハムのクリーム煮 …………… 17
アレンジその2　一人鍋 ………………………………… 17

○冷凍根菜しょうゆまぶし …………………………………… 18
アレンジその1　根菜の鶏そぼろ炒め煮 ……………… 19
アレンジその2　根菜雑炊 ……………………………… 19

○酒がらめ冷凍きのこ ………………………………………… 20
アレンジその1　きのこのあったか煮やっこ ………… 21
アレンジその2　きのこの卵とじ ……………………… 21

この本の使い方

- 計量の単位は、大さじ1＝15cc、小さじ1＝5cc、カップ1＝200ccです。
- この本では、いくつかのレシピで「だし汁」を使っています。できればP10で紹介している「水出しだし」がおすすめですが、手元にないときは市販のだしの素、めんつゆなどで代用してかまいません。
- 電子レンジは加熱時間を出力600Wのもので計算しています。ただし、オーブントースターもそうですが、機種によって加熱具合はさまざまですので、あくまでも目安に様子を見ながら調整してください。

＜そのまま食べてもおいしい＞

○ちぎりキャベツの甘酢づけ …… 22
- アレンジその1　中華ピリ辛キャベツ …… 23
- アレンジその2　甘酢キャベツのささ身のせ …… 23

○きゅうりの昆布茶もみ …… 24
- アレンジその1　焼き厚揚げの昆布きゅうりあえ …… 25
- アレンジその2　彩り簡単混ぜご飯 …… 25

○紫玉ねぎの甘酢づけ …… 26
- アレンジその1　簡単モーニングサラダ …… 27
- アレンジその2　焼きししゃも南蛮 …… 27

○かぶのレモンマリネ …… 28
- アレンジその1　豚肉のかぶレモン炒め …… 29
- アレンジその2　かぶレモンとハムのマリネ …… 29

○ねばねばあえ …… 30
- アレンジその1　ねばあえまぐろ丼 …… 31
- アレンジその2　超ラク・ねばねばみそ汁 …… 31

○青菜のお浸し …… 32
- アレンジその1　青菜の納豆あえ …… 33
- アレンジその2　青菜のせにゅうめん …… 33

○ブロッコリーのガーリック炒め …… 34
- アレンジその1　ブロッコリーサンド …… 35
- アレンジその2　ブロッコリー帆立て …… 35

○じゃがいものクリーム煮 …… 36
- アレンジその1　クリームじゃがの簡単チーズグラタン …… 37
- アレンジその2　じゃがいものポタージュ …… 37

○にんじんのバターソテー …… 38
- アレンジその1　バターにんじんの卵焼き …… 39
- アレンジその2　にんじんのオープンサンド …… 39

column1 ○あると便利な作りおきドレッシング&たれ　玉ねぎドレッシング …… 40

第二章
ご飯がすすむ作りおき

○たっぷりしょうがと豚肉のしょうゆ煮 …… 42
- アレンジその1　キムチとにらの3色盛り …… 43
- アレンジその2　コロコロ豚チャーハン …… 43

○肉みそ …… 44
- アレンジその1　肉みそ焼きうどん …… 45
- アレンジその2　焼きなすの肉みそがけ …… 45

○牛肉とごぼうの炒め煮 …… 46
- アレンジその1　牛肉とごぼうの卵のせ …… 47
- アレンジその2　牛肉とごぼうのあったか豆腐 …… 47

○油揚げの甘辛煮 …… 48
- アレンジその1　油揚げとカットわかめのあえ物 …… 49
- アレンジその2　油揚げとれんこんのさっと煮 …… 49

○オリーブそぼろ …… 50
- アレンジその1　そぼろのせ しいたけ蒸し …… 51
- アレンジその2　ブロッコリーのそぼろがらめパスタ …… 51

○えのきの中華風たらこ炒め …… 52
○梅鮭ほぐし …… 53
○さばそぼろ …… 54
○豆腐のそぼろふりかけ …… 55

column2　○あると便利な作りおきドレッシング＆たれ　マッシュルームペースト …… 56

第三章
つけて楽ちん、作りおき

- ○豚肉のおろし玉ねぎづけ …………………………… 58
- ○タンドリーチキン カレーヨーグルト …………… 59
- ○牛肉のバーベキュー焼き …………………………… 60
- ○豚ロースの塩麹づけ ………………………………… 61
- ○にんにくみそチャーシュー ………………………… 62
- ○いかのパセリオイルづけ …………………………… 63
- ○フレッシュトマトの帆立てマリネ ………………… 64
- ○お手軽昆布締め ……………………………………… 65
- ○枝豆のだし浸し ……………………………………… 66
- ○焼き野菜のマリネ …………………………………… 67
- ○カラフルピクルス …………………………………… 68
- ○フルーツマリネ ……………………………………… 69
- column3 ○あると便利な作りおきドレッシング&たれ　山椒じょうゆ／薬味だれ ………70

第四章
残り素材で小さな作りおき

- なすのレンジ蒸し ……………… 72
- きゅうりのおかかしょうゆ ……… 72
- かぼちゃの塩レンジ蒸し ……… 73
- 大根皮のきんぴら ……………… 73
- 香り野菜のごま炒め …………… 74
- アボカドディップ ……………… 74
- うどの皮つききんぴら ………… 75
- 青菜ベーコン …………………… 75
- ささ身レモン …………………… 76
- だし昆布の梅干し煮 …………… 76
- ラーパーツァイ ………………… 77
- 豆腐高菜 ………………………… 77
- のりの簡単つくだ煮 …………… 78
- はちみつナッツ ………………… 78
- ゆずはちみつ …………………… 79
- 極楽澄まし汁 …………………… 79

「楽シニアの作りおき」5つの提案

これまでずっとがんばり続けてきたのだから、
「楽シニア」という名の通り、これからは「楽ちん」でいきましょう！
もう気合は不要、手抜きオッケー。そのための作りおきです。
でも、基本は「毎日、おいしく」。
楽シニアならではの作りおきのコツをまとめました。

1　一度に、一気に、は必要なし

ちまたには、たくさんの「作りおき」の料理本が並んでいますが、結構多いのが、「週末にまとめて作ってしまいましょう」というパターン。でも、せっかくの週末を作りおきのためにがんばるなんて、ナンセンス。

普段、料理をしながら5分か10分でいいので、「作りおき」を作ってしまいましょう。この本では、隙間時間にチャチャッとできる超簡単なレシピをたくさん紹介しています。

使いきれないときこそ、作りおきに　2

シニア世代になると、1袋全部を使いきるのが難しかったりしませんか。「なすが1本だけ」「鮭が1切れだけ」「白菜が少しだけ」残ってしまった、なんてよくあるパターン。

そんなときこそ、作りおきの出番です。なすがシワシワになる前に加熱したり冷凍したりすれば、無駄にすることもなく、いいですよ。

3 アレンジの引き出しがあると便利

「作りおきは便利だけど、毎日、同じものを食べるのは……」という人のために「おかずになる手前のもの」もこの本で紹介しています。あとちょっと手を加えれば完成する、下ごしらえレベルの作りおき。だから、その日の気分や家にある材料次第でいろいろなアレンジが可能になるというわけです。

また、ゆでた野菜とあえるだけ、焼いたお肉にかけるだけ、そんな料理とはいえないくらいの簡単調理で、違ったおかずにアレンジできる作りおきもあります。

ちなみに、コラムにある「あると便利な作りおきドレッシング&たれ」はとっても重宝。時間を見つけて、ぜひ作ってみてください。

4 ちょっとだけ彩りを意識する

たまにでいいので、彩りも少し意識してみましょう。おいしそうに見えると、不思議に食欲もわくもの。彩りのいい作りおきも、いくつか作っておくといいですよ。ゆでた野菜の鮮やかな緑色、紫玉ねぎの淡い紫色、ソテーしたにんじんの元気が出るオレンジ色。そんな彩りのよい作りおきも、余裕があるときに用意してみませんか。

5 香りや季節を取り入れる

普段のおかずはもちろん、作りおきに多用してほしいのが、香り。香味野菜のにんにくやしょうが、にらや長ねぎなどを上手に取り入れてください。いい香りは風味や味わいを豊かにするだけでなく、塩分ひかえめにも一役買います。そして、季節の野菜もその時期ならではの、いい香りが。今は旬がわかりづらくなっていますが、とはいえ、その季節にしか手に入らない素材もいろいろあります。山椒やうど、ゆずなど意外に扱いが楽なものを使ったレシピも紹介しました。

季節を楽しむ心のゆとりが若さにつながるかも（笑）。

常備しておきたい便利な調味料

毎日の料理に役立つ調味料を紹介しましょう。市販のものもあれば、時間のあるときに作っておくと使い回せて重宝するものも。これらを常備しておけば作りおきはもちろん、いつもの料理も手軽においしく仕上がります。

塩昆布

ご飯のお供にと思いがちですが、実はP65のように刺身を締めたり、野菜とあえたりしてもいい、塩昆布。野菜を煮るときはだしの代わりにも。昆布のうまみが凝縮しているので、作りおきにうまみを足したいときは、あとのせしましょう。せん切りが細いほうが見た目にきれいです。

水出しだし

水1000cc、昆布10～15cm1枚、削り節20g（できれば厚削り）を保存容器に入れて冷蔵庫で一晩ねかせると、きれいな澄んだだしがとれます。煮物、みそ汁、お澄ましなど、これがあればなんにでも使え、料理がおっくうにならない最強の味方です。使い終わったら、昆布と削り節を鍋に移しましょう。水500ccを加えて中火にかけ、5分ほど煮出すと、もう一度だしがとれます。

ポン酢

ゆずなど柑橘系の香りが特徴のポン酢。しょうゆだけでは物足りないときにちょっと加えると、味が決まります。また、作りおきの隠し味にも。やさしい酸味は塩分ひかえめにも一役買います。

だしじょうゆ

いりこ20本は大きい頭やわたを取り、せん切りにした干ししいたけ2枚、しょうゆ200ccとともに保存容器に入れます。冷蔵庫で一晩ねかせればだしじょうゆに。煮物やあえ物、雑炊などの汁物に加えるとコクが出ます。冷蔵庫で1ヵ月保存可能。

すし酢

酢飯を作る以外でも重宝する、すし酢。野菜が少し余ったら、すし酢をからめて和風マリネの作りおきにしても。塩分が強いので、野菜と一緒だとちょうどいい具合です。香りが少ないので、好みでごまやのりなどを加えるといっそう、風味よく仕上がります。

ごま

味が決まらないとき、あと少し何かが足りないときに加えたいのがごま。白や黒、いりごま、すりごまなど揃えておくと便利です。「味が薄いかも」としょうゆをかけたくなるとき、少し多めに加えてみて。風味が足されておいしくなります。

甘みそ

みそと砂糖を同量ずつ混ぜれば、でき上がり。好みで七味唐辛子などを加えるのもおすすめです。さっと焼いた厚揚げや、蒸した野菜、里いもにのせれば、立派なおかずに。作りおきに使うなら、甘みそに肉を半日以上つけ込み、からめて焼くとおいしい。冷蔵庫で1ヵ月保存可能。

じゃこ

カルシウムたっぷりのじゃこは常備品にしましょう。いいだしが出るので、料理に少し足すだけでも味わい深くなります。なお、じゃこはからりと乾燥した、つやのよいものを選んで。長期保存には冷凍がおすすめです。

第一章
野菜メインの作りおき

体のことを考えると、食卓に野菜は欠かせません。「できるだけ野菜を食べよう」と思っている人も多いでしょう。でも下ごしらえに手間がかかるのも事実。
そこでちょっと多めに材料を準備して、作りおきするのがおすすめ。小さなおかずにもなるし、肉や魚にのせたり、あえたりすれば栄養バッチリな一品に。
なんにでも使い回せる素材そのままの作りおきと、すぐ食べられるように調理した作りおきに分け、それぞれを使ったアレンジ料理も２つずつ、紹介しています。

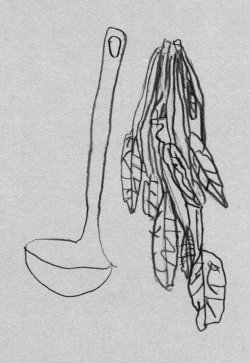

＜とりあえず素材を冷凍＞

「とりあえず素材を切っただけで、あるいはそのままでいいので、冷凍してしまいましょう」というのが、こちら。時間がないときでもすぐ作りおきになるお助けワザが満載です。

作りおきの基本①
冷凍トマト

〈保存の目安〉
冷凍庫で3週間

トマトはまるごと冷凍し、そのまま調理に加えてみてください。皮も自然に取れ、トマトのうまみがぎゅっと詰まったおかずが完成です。自然解凍するとおいしくなくなってしまうので、凍ったまま鍋に加えて。

材料（作りやすい分量）

ミニトマト…適量

トマト…適量

作り方
1. ミニトマト、トマトはそれぞれへたを取る。
2. 保存袋に入れて空気を抜き、冷凍する。

＊数に決まりはないので、好きなだけ保存して。

右ページ以外の使い方

ひき肉と炒めてミートソースに。ごま油で卵と炒めて中華風炒め煮に。

冷凍トマトを1個加えるだけでいつものカレーがトマト風味に。

野菜のうまみが出てきたところで卵を加えるのがポイント。

アレンジ　その1
トマトカレー

材料（2人分）

A ┌ 冷凍トマト…1個
　└ 水…500cc

鶏胸肉（1cm角に切る）…250g
玉ねぎ（くし形切り）…1個
塩、こしょう…各適量
カレー粉…小さじ1
バター…大さじ1
カレールウ…60g
温かいご飯…茶碗2杯分

作り方

1. 鶏肉は塩、こしょうをして、カレー粉をまぶす。
2. 鍋にバターを入れて中火で熱し、玉ねぎを炒める。透き通ったらAを加え、強火にする。沸騰したら1を加えてふたをし、弱めの中火で10分ほど煮る。カレールウを加え、混ぜながら5分ほど煮る。器にご飯とカレーを盛る。

アレンジ　その2
ミニトマトのスープ

材料（2人分）

A ┌ 冷凍ミニトマト…8個
　│ セロリ（筋を取り、斜め切り）…1/2本
　│ 水…400cc
　└ 顆粒コンソメスープの素…3g

溶き卵…1個分
セロリの葉（ざく切り）…少々

作り方

1. 鍋にAを入れて中火にかける。
2. 7〜8分煮たら溶き卵を回し入れ、セロリの葉を散らす。

作りおきの基本②

冷凍長ねぎ

長ねぎは冷凍すると組織がこわれ、やわらかく調理できます。そこで煮込みや炒め物など、くたっとしたねぎのおいしさを味わいたい料理に最適です。小さく切っても大きめに切ってもかまいません。

〈保存の目安〉
冷凍庫で3週間

材料（作りやすい分量）
長ねぎ…2本

作り方
1. 長ねぎは根元を除いて3cm長さに切る。
2. 保存袋に入れて空気を抜き、冷凍する。

右ページ以外の使い方
牛肉とのすき焼き風煮物に。鮭とねぎのグラタンに。

くたっとしたやわらかねぎと、
たらこのプチプチが好相性。

作ったその日も、
味がしみた翌日もおいしい。

アレンジ　その1

長ねぎとたらこのパスタ

材料（2人分）
冷凍長ねぎ…1本分
たらこ（腹に切り目を入れ、2cm幅に切る）
　…1腹（60g）
スパゲティ…120g
バター…大さじ2
塩、こしょう…各適量

作り方

1　鍋に1500ccの湯を沸かし、塩大さじ1（分量外）を加えてスパゲティをゆで始める。
2　フライパンにバターを入れて中火で熱し、冷凍長ねぎを炒める。
3　ゆで上がった1、たらこを加えて炒め、スパゲティのゆで汁大さじ1〜2を加えて塩、こしょうで味をととのえる。

アレンジ　その2

長ねぎと牛肉の
みそ煮込み

材料（2人分）
冷凍長ねぎ…1本分
牛肉（3cm長さに切る）…100g
こんにゃく（縦半分に切り、1cm幅に切る）
　…小1枚
A ┌ だし汁…200cc
　│ 甘みそ（P10参照）…大さじ1
　└ しょうゆ…大さじ1/2
七味唐辛子…適宜

作り方

1　こんにゃくは水からゆでこぼす。
2　鍋にAを入れて中火にかけ、沸騰したら牛肉、冷凍ねぎ、1を加える。鍋底を焦がさないように混ぜながら、弱めの中火で15分ほど煮る。
3　器に盛り、好みで七味唐辛子をふる。

作りおきの基本③

冷凍白菜

白菜の軸は、意外にかたいもの。でも冷凍することでやわらかくなり、煮物も短時間で仕上がります。ちなみに、大きく切ったほうが白菜自体のうまみをキープできます。

〈保存の目安〉
冷凍庫で2週間

材料（作りやすい分量）
白菜…300g

作り方
1 白菜は縦半分に切り、3cm幅にザクザクと切る。
2 保存袋に入れて空気を抜き、冷凍する。

右ページ以外の使い方
ラーメンやうどんの具に。だし汁で油揚げと煮て、煮浸しに。

やわらか白菜にとろみをまとった
口あたりのいいあったかおかず。

アレンジ　その1
白菜とハムのクリーム煮

材料（2人分）

A
- 冷凍白菜…150g
- 水…50cc
- 牛乳…100cc
- 鶏がらスープの素…小さじ1/2

ハム（半分に切り、1cm幅に切る）…40g
コーン缶…50g
ごま油…大さじ1
片栗粉…大さじ2（水大さじ2で溶く）

作り方

1 フライパンにごま油を中火で熱し、ハムとコーンを炒めてAを加える。
2 沸騰したら水溶き片栗粉を回し入れ、とろみをつける。

手早くできる一人鍋。
2人分のときは倍量で。

アレンジ　その2
一人鍋

材料（1人分）

A
- 冷凍白菜…100g
- 絹ごし豆腐（半分に切る）…1/2丁
- 豚薄切り肉（食べやすく切る）…80g
- しめじ（石づきを除いてほぐす）…50g

梅干し…1個

B
- だし汁…300cc
- 塩、酒…各大さじ1

ポン酢…適宜

作り方

1 鍋にBを入れて中火にかけ、沸騰したらAを加えてふたをする。
2 具材に火が通ったら、好みでポン酢をつけて食べる。

作りおきの基本④

冷凍根菜 しょうゆまぶし

〈保存の目安〉
冷凍庫で3週間

しょうゆをまぶして冷凍した根菜は、煮物に使うとあくが出にくくなるうえ、味もしみやすく、短時間でも味が引き立ちます。油で炒めるだけでもおいしいので、根菜が余ったら作ってみて。

材料（作りやすい分量）

大根、れんこん、にんじんなど…計300g
しょうゆ…大さじ2
酒…大さじ1

作り方
1 根菜は皮をむいて食べやすい大きさに切り、しょうゆと酒をまぶす。
2 保存袋に入れて空気を抜き、冷凍する。

右ページ以外の使い方

炊き込みご飯や鶏肉を加えて、いり鶏に。煮込みうどんに。

お肉を加えて炒め、
一気にボリュームアップ。

アレンジ　その1
根菜の鶏そぼろ炒め煮

材料（2人分）
冷凍根菜しょうゆまぶし…100g
鶏ひき肉…100g
酒、水…各大さじ2
塩…少々

作り方
1. 鍋に鶏ひき肉と冷凍根菜しょうゆまぶしを入れ、中火にかけて炒める。
2. 全体がパラパラになり、鶏肉の色が変わったら、酒、分量の水を加える。
3. 塩で味をととのえ、煮汁がなくなるまで炒め煮にする。

食べごたえのある
雑炊も手早く完成。

アレンジ　その2
根菜雑炊

材料（2人分）
A［ **冷凍根菜しょうゆまぶし**…100g
　　ご飯…茶碗2杯分
　　水…300cc ］
だしじょうゆ（P10参照）…大さじ1
しらす…20g

作り方
1. 鍋にAを入れて弱めの中火にかけ、根菜類がやわらかくなるまで10分ほど煮る。
2. だしじょうゆを加えて器に盛り、しらすをのせる。
　＊だしじょうゆがなければ市販のものでも。

作りおきの基本⑤

酒がらめ冷凍きのこ

〈保存の目安〉
冷凍庫で3週間

多めの酒をからめて冷凍すると、いっそう、きのこのうまみが感じられます。ただし自然解凍するとうまみ成分が出てしまうので、凍ったまま鍋に加えることをお忘れなく。

材料（作りやすい分量）
きのこ類（しめじ、まいたけ、しいたけ、えのきだけ、なめこなど好みのもの）…計300g
酒…50cc

作り方
1. きのこ類はそれぞれ石づきを除き、食べやすく切る。
2. 1に酒をからめ、保存袋に入れて空気を抜き、冷凍する。

右ページ以外の使い方

バターで炒めてステーキのつけ合わせに。ひき肉と一緒に丸め、きのこ入り肉だんごに。

きのこのうまみが
淡白な豆腐を味わい深く。

きのこを卵でとじるだけで
和風おかずのでき上がり。

アレンジ　その1

きのこの
あったか煮やっこ

材料（作りやすい分量）

A ┌ 酒がらめ冷凍きのこ…100g
　├ 絹ごし豆腐（手で大きめに割る）…1丁
　├ 水…200cc
　└ だしじょうゆ（P10参照）…大さじ1

片栗粉…大さじ1/2（水大さじ1/2で溶く）
しょうが（すりおろす）…適量

作り方

1. 鍋にAを入れてふたをし、中火にかける。沸騰したら2分ほど蒸し煮にする。
2. 豆腐が温まったら水溶き片栗粉を回し入れ、とろみをつける。
3. 器に盛り、しょうがをのせる。

＊だしじょうゆがなければ市販のもので。

アレンジ　その2

きのこの卵とじ

材料（2人分）

A ┌ 酒がらめ冷凍きのこ…100g
　└ だし汁…100cc

山椒じょうゆ（P70参照）…小さじ2
溶き卵…1個分
三つ葉（1cm長さに切る）…1束

作り方

1. 鍋にAを入れて中火にかける。
2. 沸騰したら山椒じょうゆを加え、きのこがしんなりしたら、溶き卵を回し入れ、三つ葉を散らす。

＊山椒じょうゆがなければ普通のしょうゆで。

＜そのまま食べてもおいしい＞

ここからは、＜そのまま食べてもおいしい＞作りおきを紹介します。作りおきをさらに調理するもよし。でも、そのままでも十分においしいおかずばかりです。

作りおきの基本⑥

ちぎりキャベツの甘酢づけ

キャベツは包丁でスパッと切るより手でちぎったほうが、味なじみがよくなります。好みでしょうがのせん切りを加えてもおいしい。すし酢の代わりに、酢大さじ4、砂糖大さじ2、塩小さじ1でも。

〈保存の目安〉
冷蔵庫で5日間

材料（作りやすい分量）
キャベツ…5〜6枚（300g）
すし酢（市販）…大さじ4

作り方
1 キャベツの軸は薄く切り、葉は2cm角くらいに手でちぎる。
2 保存袋に1とすし酢を入れて袋の上からもみ、空気を抜いて冷蔵庫で保存する（30分後から食べられる）。

右ページ以外の使い方
ハムを加えてサラダに。わかめを加えて酢の物に。

アレンジ　その1

中華ピリ辛キャベツ

たっぷりのすりごまが入った
甘辛キャベツはビールにも。

材料（2人分）
ちぎりキャベツの甘酢づけ…100g
ラー油…適量
すり白ごま…大さじ2

作り方
ちぎりキャベツの甘酢づけにラー油、すり白ごまを加えてあえる。

アレンジ　その2

甘酢キャベツの
ささ身のせ

わさびを添えると
いっそう、味がしまります。

材料（2人分）
ちぎりキャベツの甘酢づけ…100g
ささ身…2本
塩…少々
酒…大さじ1

作り方
1　ささ身は筋を取って耐熱皿にのせ、塩、酒をふる。
2　ふんわりラップをかけて電子レンジで1分30秒〜2分加熱し、粗熱を取る。
3　器にちぎりキャベツの甘酢づけを盛り、2をほぐしてのせる。

作りおきの基本⑦

きゅうりの昆布茶もみ

〈保存の目安〉
冷蔵庫で5日間

昆布茶味の薄切りきゅうりは、おつまみにもいいし、オリーブ油をかけると朝のサラダにも。皮を縞目にむくと味がしみやすくなります。昆布茶は味をみて、塩けが強いようなら塩を加えなくても大丈夫。

材料（作りやすい分量）
きゅうり…3本（300g）
昆布茶…小さじ1/2
塩…適宜

作り方

1. きゅうりはへたを取り、ピーラーで縞目に皮をむいたら薄切りにする（スライサーを使うと便利）。
2. 保存袋に1と昆布茶を入れて味をみる。塩けが足りなければ塩を加えて袋の上から軽くもみ、空気を抜いて冷蔵庫で保存する（5分後から食べられる）。

右ページ以外の使い方

刻んだゆで卵を加えてサンドイッチの具に。そうめんやうどんにのせて。

アレンジ　その1

焼き厚揚げの昆布きゅうりあえ

香ばしい焼き厚揚げに
じんわりと味がしみ込んで。

材料（2人分）

A ┌ きゅうりの昆布茶もみ…100g
　├ しょうが（すりおろす）…1かけ
　└ マヨネーズ…大さじ2

厚揚げ…1枚
しょうゆ…少々

作り方

1　厚揚げは魚焼きグリルで両面こんがりと焼き、粗熱を取る。
2　1を食べやすくちぎってボウルに入れ、しょうゆ、混ぜたAを加えてあえる。

アレンジ　その2

彩り簡単混ぜご飯

簡単なのにごちそう風。
おもてなしの一品にも。

材料（2人分）

きゅうりの昆布茶もみ…100g
卵…1個
じゃこ…20g

A ┌ 砂糖…小さじ2
　├ 水…大さじ1
　└ 塩…少々

温かいご飯…茶碗2杯分

作り方

1　卵は小さい耐熱容器に割り入れ、Aを加えて混ぜる。電子レンジで50秒加熱し、箸で混ぜていり卵風にする。
2　ご飯に1、きゅうりの昆布茶もみ、じゃこを加えて混ぜる。

作りおきの基本⑧

紫玉ねぎの甘酢づけ

鮮やかな紫色が印象的な紫玉ねぎの甘酢づけ。見た目がきれいだと、食卓が華やぎ、食欲もアップ。一晩つけ込むと、玉ねぎの辛みも落ち着き、ぐんと食べやすくなります。なお、色みの華やかさはありませんが、普通の玉ねぎでも作れます（新玉ねぎだと、よりおいしい）。

〈保存の目安〉
冷蔵庫で1週間
冷凍庫で2週間

材料（作りやすい分量）
紫玉ねぎ…大1個（350g）
酢…大さじ3
砂糖…大さじ2
塩…小さじ1

作り方
1 玉ねぎは縦半分に切り、繊維に沿って薄く切る。
2 保存袋に材料をすべて入れて袋の上からよくもみ、空気を抜いて冷蔵庫で保存する（1時間後から食べられる）。

右ページ以外の使い方
カレーのつけ合わせに。焼いた豚ばら肉とあえておつまみに。

アレンジ その1

簡単モーニングサラダ

朝ごはんを一から作る手間いらず。
パンを添えればバランスのいい朝食に。

材料（2人分）

紫玉ねぎの甘酢づけ…100g
ツナ缶…小1缶（80g）
レタス（ちぎる）…3枚

A ┌ オリーブ油…大さじ1
　 └ 塩、こしょう…各少々

作り方

1. 器にレタス、缶汁をきってほぐしたツナ、紫玉ねぎの甘酢づけを盛る。
2. Aを混ぜ合わせ、食べるときにかける。

アレンジ その2

焼きししゃも南蛮

つけだれの準備は不要。
甘酸っぱい南蛮づけがささっと。

材料（2人分）

紫玉ねぎの甘酢づけ…100g
ししゃも…6本

A ┌ 貝割れ菜（2cm長さに切る）…1パック
　 │ ポン酢…大さじ1
　 └ 赤唐辛子の小口切り…適量

作り方

1. ししゃもは魚焼きグリルでこんがりと焼く。
2. バットにAを入れて混ぜ、ししゃもを加えてあえる。
3. 器に盛り、紫玉ねぎの甘酢づけをのせる。

作りおきの基本⑨

かぶのレモンマリネ

〈保存の目安〉
冷蔵庫で5日間

さっぱりとした味わいがうれしい作りおき。オリーブ油を加え、洋風テイストもプラスしました。ざく切りにしたかぶの葉を加えても（注・レモンの酸で葉の色みが変わります）。

材料（作りやすい分量）

かぶ…300g

塩…5g

A
- レモンの輪切り（4等分に切る）…4枚
- オリーブ油…大さじ2
- こしょう…少々

作り方

1. かぶは茎を1cm残して皮をむき、半分に切って薄切りにする（葉は入れない）。
2. ボウルに1、塩を入れて軽くもみ、10分ほどおいて水けをきる。
3. 保存袋にA、2を入れてもみ、空気を抜いて冷蔵庫で保存する（15分後から食べられる）。

右ページ以外の使い方

薄切りのりんごを加えてサラダに。とろろ昆布を加えて漬物に。

アレンジ　その1

豚肉のかぶレモン炒め

**つけ汁を加えて炒めると
よりうまみが増します。**

材料（2人分）
かぶのレモンマリネ…150g
豚薄切り肉（3㎝長さに切る）…200g
かぶの葉…2〜3個分
つけ汁…大さじ1
サラダ油…大さじ1
塩、こしょう…各少々

作り方
1. フライパンにサラダ油を中火で熱し、豚肉を炒めて塩、こしょうをする。
2. 肉の色が変わったら、かぶのレモンマリネ、かぶの葉、つけ汁を加え、強火にしてさっと炒める。

アレンジ　その2

かぶレモンとハムのマリネ

**ハムを切ってあえただけ。
見た目もさわやかな副菜完成！**

材料（2人分）
かぶのレモンマリネ…150g
ハム（8等分に切る）…3〜4枚

作り方
材料をすべてあえ、器に盛る。

作りおきの基本⑩

ねばねばあえ

〈保存の目安〉
冷蔵庫で3日間
冷凍庫で1週間

ツルツルッとのど越しよく、栄養満点のねばねばあえ。お好みでひきわり納豆などを加えると、よりねばねば度もアップします。元気な体のためにもたっぷり作って毎日の食卓に。

材料（作りやすい分量）

オクラ…10本

長いも（皮をむき、さいの目に切る）…10cm

A ┌ 納豆昆布…3g
　├ 水…大さじ2
　└ しょうゆ…大さじ1

作り方

1. オクラは塩少々（分量外）でもみ、そのまま熱湯でやわらかくゆでる。水にとり、へたを取って小口に切る。
2. ボウルにAを入れて混ぜ、3分ほどして昆布がふやけたら、1と長いもを加えて混ぜる。
3. 保存袋に入れ、空気を抜いて冷蔵庫で保存する（すぐ食べられる）。

右ページ以外の使い方
うどんやそうめんに。冷ややっこにのせて。

アレンジ　その1

ねばあえまぐろ丼

づけ丼がグレードアップ。
刺身がさらにリッチに。

材料（2人分）
ねばねばあえ…200g
A ┌ まぐろの刺身（食べやすく切る）…100g
　└ しょうゆ…大さじ1
温かいご飯…茶碗2杯分
わさび…適宜

作り方
1. ボウルにAを入れてあえる。
2. 器にご飯を盛り、1、ねばねばあえをのせる。好みでわさびを添える。

アレンジ　その2

超ラク・
ねばねばみそ汁

たったの3分でできる
ねばねばあえの汁物。

材料（2人分）
ねばねばあえ…120g
だし汁…400cc
みそ…大さじ2

作り方
1. 鍋にだし汁を入れて温め、みそを溶く。
2. 器にねばねばあえを入れ、1を注ぐ。

作りおきの基本⑪

青菜のお浸し

〈保存の目安〉
冷蔵庫で3日間

ここでは小松菜を使っていますが、ほうれんそうや青梗菜(チンゲンツァイ)、水菜などでも同じようにできます。写真のように葉と茎を分けて浸すと、それぞれに適した料理に使いやすいので、おすすめです。

材料（作りやすい分量）
小松菜…1束（300〜350g）
A［ だし汁…200cc
　 しょうゆ…大さじ1

作り方
1. 小松菜は根元をよく洗い、切り目を入れて熱湯に塩少々（分量外）を加え、ゆでる。
2. すぐ水にとって水けを絞り、3cm長さに切る。
3. 保存容器にAを入れて葉と茎を分けて浸し、冷蔵庫で保存する（15分後から食べられる）。

右ページ以外の使い方

青菜は葉先がやわらかいので、細かく刻み、肉だんごやおかゆに混ぜても。茎は歯ごたえを楽しみたい炒め物などに。

アレンジ　その1

青菜の納豆あえ

納豆も青菜とあえれば
立派な小鉢に。

材料（2人分）

青菜のお浸し…100g
納豆…2パック
練りがらし、しょうゆ、
　削り節…適宜

作り方

納豆はよく混ぜ、青菜のお浸しと混ぜる。

アレンジ　その2

青菜のせにゅうめん

削り節や塩昆布などの
うまみも一緒に。

材料（2人分）

A ┌ **青菜のお浸し**…100g
　├ 削り節…3g
　└ 塩昆布…2g
そうめん…100g
だし汁…300cc
だしじょうゆ（P10参照）…大さじ1

作り方

1. そうめんは熱湯でゆで、水洗いする。
2. 鍋にだし汁とだしじょうゆを入れて温め、1を加えて温め直す。
3. 器に盛り、Aをのせる。

＊だしじょうゆがなければ市販のもので。

作りおきの基本⑫

ブロッコリーの ガーリック炒め

〈保存の目安〉
冷蔵庫で3日間

ブロッコリーもちょっとしたひと手間で、いろいろな料理に使い回せます。水を加えてやわらかめに炒めるのがポイント。にんにくがきいてます。

材料（作りやすい分量）
ブロッコリー…1個（350g）
にんにく（つぶす）…1かけ
オリーブ油…大さじ2
水…大さじ2
塩…小さじ1/3
こしょう…少々

作り方

1. ブロッコリーは小房に分け、茎は厚めに皮をむいて棒状に切る。
2. 塩を多め（分量外）に加えた熱湯で1をゆでる。5～6分してやわらかくなったら冷水にとり、ざるに上げて水けをきる。
3. フライパンにオリーブ油、にんにくを中火で熱し、香りが立ったら2のブロッコリー、分量の水を加えて手早く炒め、塩、こしょうをする。
4. 粗熱が取れたら保存容器に入れ、冷蔵庫で保存する（すぐ食べられる）。

右ページ以外の使い方

粉チーズをふってグラタンに。鶏肉とソテーし、しょうゆで味つけして。

アレンジ　その1
ブロッコリーサンド

ブロッコリーを細かく刻むと、
作りやすく、食べやすい。

材料（1〜2人分）
ブロッコリーのガーリック炒め
　（みじん切り）…80g
コンビーフ（ほぐす）…60g
パン（8枚切り）…2枚
バター…小さじ1
マスタード…少々

作り方
1　パンに薄くバターとマスタードを塗り、コンビーフ、ブロッコリーをのせてはさむ。
2　具がなじんだら、食べやすく切る。

アレンジ　その2
ブロッコリー帆立て

ブロッコリーと帆立ての
相性のよさに驚きます。

材料（2人分）
ブロッコリーのガーリック炒め
　…160g
帆立て貝柱…4個
バター、白ワイン…各大さじ1
塩、こしょう…各適量

作り方
1　帆立てに軽く塩、こしょうをする。
2　フライパンにバターを中火で熱し、1をソテーする。
3　帆立ての色が変わったら、ブロッコリーを加えてさっと炒め、白ワインをふって塩、こしょうで味をととのえる。

作りおきの基本⑬
じゃがいもの
クリーム煮

じゃがいものでんぷんでとろっと仕上げるため、じゃがいもは切ったあと、水にさらさないのがポイント。やさしい味わいが口に広がり、このままでも十分おいしいおかずに。仕上げにこしょうをふっても。

〈保存の目安〉
冷蔵庫で5日間

材料(作りやすい分量)
じゃがいも…2個(350g)
生クリーム…200cc
塩…小さじ1/2

作り方
1. じゃがいもは皮をむいて2mm厚さの薄切りにする(水にさらさない)。
2. 口の広い鍋に1、生クリーム、塩を入れ、じゃがいもがやわらかくなるまで弱火で5〜6分混ぜながら煮る。
3. 保存容器に入れ、冷蔵庫で保存する(すぐ食べられる)。

右ページ以外の使い方
豚薄切り肉で巻いてソテーに。パンにのせてチーズをふり、グラタン風トーストに。

アレンジ　その1

クリームじゃがの簡単チーズグラタン

じゃがいものおいしさが
存分に味わえます。

材料（2人分）
じゃがいものクリーム煮…150g
粉チーズ…30g

作り方
1 じゃがいものクリーム煮はバター（分量外）を塗ったグラタン皿に入れ、粉チーズをふる。
2 魚焼きグリルで8分焼き（オーブントースターなら10分）、こんがりと焼き目をつける。

アレンジ　その2

じゃがいものポタージュ

こっくりとしたポタージュ。
夏は冷やして冬は温めて。

材料（2人分）
じゃがいものクリーム煮…150g
牛乳…200cc
塩、粗びき黒こしょう…各少々

作り方
1 小鍋にじゃがいものクリーム煮、牛乳を入れ、ハンドミキサーなどでなめらかになるまで攪拌し、中火にかけて温める。
2 塩で味をととのえて器に盛り、粗びき黒こしょうをふる。

作りおきの基本⑭

にんじんのバターソテー

〈保存の目安〉
冷蔵庫で5日間

にんじんは加熱して油と調理すると、色鮮やかに仕上がるうえ、カロテンの吸収率がよくなって栄養価もぐんとアップ。にんじんの甘みとバター風味がマッチしています。なお、スライサーを使うと手早く楽にせん切りができるのでお試しください。

材料（作りやすい分量）
にんじん…2本（300g）
バター…大さじ2
塩…小さじ1/3
こしょう…少々

作り方
1. にんじんは皮をむいてせん切りにする（スライサーを使っても）。
2. 鍋にバターを中火で熱し、にんじんを炒める。しんなりしたら、塩、こしょうで味をつける。
3. 保存容器に入れ、冷蔵庫で保存する（すぐ食べられる）。

右ページ以外の使い方
ハムを加えてにんじんの混ぜご飯に。魚のソテーや豆腐とあえて。

バターソテーしたにんじん入りで、味わい豊か。

色鮮やかなオレンジ色でささっとおいしいブランチを。

アレンジ　その1

バターにんじんの卵焼き

材料（2人分）
にんじんのバターソテー…60g
A ┌ 卵…3個
　│ 砂糖…大さじ2
　│ 塩…1つまみ
　│ しょうゆ…小さじ1/2
　└ だし汁…60cc
サラダ油…大さじ1

作り方

1 ボウルにA、にんじんのバターソテーを順に加えて混ぜる。

2 卵焼き器を中火で熱し、サラダ油を入れて余分な油をキッチンペーパーでふく。

3 **1**を1/3量、流し入れて半熟状になったら手前に巻き、向こう側に寄せる。**2**のキッチンペーパーで油を塗り、残りの卵の1/2量を流し入れ、同様に焼く。これを繰り返す。形を整え、冷めたら食べやすく切る。

アレンジ　その2

にんじんのオープンサンド

材料（2人分）
にんじんのバターソテー…60g
カッテージチーズ…大さじ4
全粒粉入りパン（軽くトーストする）…4枚
イタリアンパセリ…適宜

作り方
パンにカッテージチーズを塗り、にんじんのバターソテーをのせ、あればイタリアンパセリを飾る。

column 1

あると便利な作りおき ドレッシング&たれ

おかずはもちろん、ドレッシングやたれも作っておくと、本当に重宝します。ゆでた野菜、ソテーした肉や魚にかけるだけ、あえるだけでも立派な一品ができ上がるのがうれしい。一度、作るとその便利さ&おいしさに驚くはず。

玉ねぎドレッシング

すりおろした玉ねぎを調味料と混ぜるだけ。
私のイチ押し・万能ドレッシングです。

材料（作りやすい分量）**と作り方**
ボウルにすりおろした玉ねぎ1/4個（60g）、酢大さじ4、みりん大さじ2、塩とマスタード各小さじ1、こしょう少々を入れて泡立て器でよく混ぜ、サラダ油90ccを加えてさらに混ぜる。

＊サラダのドレッシングやマリネ液として、またはソテーした肉にかけても。
＊季節ごとにいろいろなハーブ（バジル、イタリアンパセリ、青じそ、ゆずなど）を加えると、味に変化がつきます。
＊サラダ油をオリーブ油に、酢をレモン汁に代えたり、しょうゆを加えても。

保存は冷蔵庫で10日間

野菜に

食べやすく切ったトマトや、塩ゆでしたブロッコリーなどに、玉ねぎドレッシングをかける。

ソテーした魚に

材料（2人分）**と作り方**
1 かじき2切れに塩、こしょう各少々をふる。
2 フライパンにオリーブ油大さじ1を中火で熱し、**1**をソテーする。
3 **2**を器に盛り、玉ねぎドレッシング大さじ3とパセリのみじん切り大さじ1を混ぜ合わせてかける。

第二章
ご飯がすすむ作りおき

味がしっかりしていて、それだけでもご飯をおかわりしたくなるような作りおきを集めてみました。「今日はあまり食欲がないんだけれど」なんていう日にも、こんな作りおきがあればご飯もすすみ、元気が出るというもの。肉や魚、野菜や豆腐などいろいろな味わいを楽しんでください。
ここでも第一章のように、作りおきを使ったアレンジも紹介しています。しっかり味なので、アレンジしやすいのもうれしい。

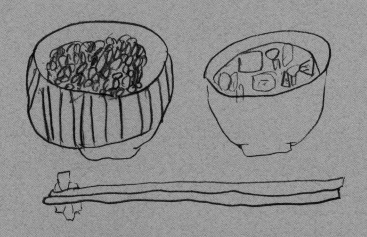

たっぷりしょうがと豚肉のしょうゆ煮

たっぷり入れたしょうががピリッときいて、ほどよい味のアクセントに。できたてもおいしいですが、バットなどに広げて冷ましてから食べると、より味が落ち着き、うまみが楽しめます。

〈保存の目安〉
冷蔵庫で5日間

材料（2人分）
- 豚ロース肉（2cm角に切る）…250g
- A
  - 水…100cc
  - 酒、しょうゆ…各大さじ2
  - しょうが（薄切り）…2かけ

作り方
1. 鍋にAを入れて中火にかけ、沸騰したら豚肉を加える。
2. あくを取り、ときどき混ぜながら煮汁が少なくなるまで煮る。

アレンジ　その1

キムチとにらの3色盛り

しょうががきいた豚肉のしょうゆ煮に、キムチやにらをプラス。シンプルにゆがいただけのにらは、豚肉やキムチとよくあえて召し上がれ。

材料（2人分）
たっぷりしょうがと豚肉のしょうゆ煮
　…100g

にら…1束

キムチ…100g

作り方
1. にらはゆで、水にとる。水けを絞り、3cm長さに切る。
2. キムチ、たっぷりしょうがと豚肉のしょうゆ煮とともに器に盛る。

アレンジ　その2

コロコロ豚チャーハン

温かいご飯を加えたら、フライパンに押しつけるようにしながら卵と炒め合わせるのが、香ばしいチャーハンに仕上げるコツ。

材料（2人分）
たっぷりしょうがと豚肉のしょうゆ煮
　…100g

温かいご飯…茶碗2杯分

溶き卵…1個分

長ねぎ（みじん切り）…5cm

サラダ油…大さじ1

塩、こしょう…各適量

作り方
1. フライパンにサラダ油を中火で熱し、溶き卵を回し入れて菜箸で混ぜる。半熟状になったらご飯を加えて炒める。
2. 長ねぎ、たっぷりしょうがと豚肉のしょうゆ煮を加えてさらに炒め、味をみて塩、こしょうをする。

肉みそ

こっくりとした味わいで、ついつい、「もう一口」とご飯がすすんでしまう肉みそ。日本酒のお供にもおすすめですが、レタスやきゅうり、さっとゆがいた野菜にからめても。好みで一味唐辛子を加え、ピリ辛味を楽しんで。

〈保存の目安〉
冷蔵庫で5日間
冷凍庫で10日間

材料（作りやすい分量）
豚ひき肉…250g
長ねぎ（みじん切り）…5㎝
しょうが（みじん切り）…1かけ
A ┌ みそ…大さじ3
  │ 砂糖、酒…各大さじ2
  └ しょうゆ…小さじ1
サラダ油…大さじ1

作り方
1 フライパンにサラダ油を中火で熱し、長ねぎとしょうがを炒める。
2 香りが立ったらひき肉を加え、肉の色が変わったらAを加えて炒め、好みで一味唐辛子をふる。

アレンジ その1

肉みそ焼きうどん

肉みそのこっくり味は、焼きうどんにも合います。肉を生から加え炒める手間がなく、手早くボリューミーな焼きうどんに。

材料（2人分）
肉みそ…100g
冷凍うどん…2玉
A ┌ キャベツ（ちぎる）…2枚
 │ 玉ねぎ（薄切り）…1/4個
 └ しめじ（石づきを除き、ほぐす）…1/3パック
塩、こしょう…各適量
サラダ油…大さじ1

作り方
1. 冷凍うどんは電子レンジで1分加熱し、半解凍する（室温で半解凍しても）。
2. フライパンにサラダ油を中火で熱し、Aを炒める。しんなりしたら、1、水大さじ1を加えてほぐし、肉みそを加える。
3. 全体にからめ、味をみて塩、こしょうをする。

アレンジ その2

焼きなすの肉みそがけ

輪切りにして焼いたなすに、作りおきの肉みそをのせれば、もうでき上がり！ なすの旬、夏に一度はチャレンジしてください。

材料（2人分）
肉みそ…100g
なす…2本
サラダ油…大さじ1

作り方
1. なすはへたを取って輪切りにし、塩水（分量外）に2分ほどつける。
2. フライパンにサラダ油を中火で熱し、水けをきったなすを入れて両面こんがり焼く。
3. 器に盛り、肉みそをのせる。

牛肉とごぼうの炒め煮

牛肉とごぼうのうまみがぎゅっと凝縮した甘辛味の炒め煮。ごぼうは皮をむいてしまうと香りがなくなってしまうので、たわしで汚れを取る程度で十分です。

〈保存の目安〉
冷蔵庫で5日間

材料（2人分）
- 牛切り落とし肉（3cm長さに切る）…200g
- ごぼう…1/2本（または細めを1本）
- 砂糖…大さじ3
- A
  - しょうゆ…大さじ3
  - 酒…大さじ2
  - 水…150cc
- サラダ油…小さじ1

作り方
1. ごぼうはたわしで洗って斜め薄切りにし、水にさらして水けをきる。
2. 鍋にサラダ油を中火で熱し、牛肉と砂糖を入れて炒める。Aと1を加え、煮汁がなくなるまでさらに炒める。

アレンジ その1

牛肉とごぼうの卵のせ

卵はすぐ固まってしまうので、半熟状が好みなら火を通しすぎないよう注意。ご飯にのせて卵をからめ、どんぶりにしても。

材料（2人分）

- **A** ┌ 牛肉とごぼうの炒め煮…150g
     └ だし汁…50cc
- せり（3cm長さに切る）…2本
- 卵…1個

作り方

1. 小鍋にAを入れて中火にかける。
2. 沸騰したらセリを加え、卵を割り入れてふたをし、半熟状に煮る。

アレンジ その2

牛肉とごぼうの あったか豆腐

豆腐は手でざっくりとちぎり、牛肉とごぼうのうまみをからませて。ちぎった豆腐に火が通ったら、熱々のうちに召し上がれ。

材料（2人分）

- **A** ┌ 牛肉とごぼうの炒め煮…100g
     └ 水…50cc
- みそ…大さじ1
- 木綿豆腐…1/2丁
- 万能ねぎ（小口切り）…適量

作り方

1. 鍋にAを入れて中火にかけ、温まったらみそを溶き入れる。
2. 豆腐は手でちぎりながら1に加えてふたをし、豆腐に火を通す。
3. 器に盛り、万能ねぎを散らす。

油揚げの甘辛煮

油揚げに、じんわりとしみた甘辛味。「おいなりさんの袋」と聞けばイメージしやすいかもしれません。なので言うまでもなく、ご飯にぴったり。熱々ご飯にのせるだけでもよし。ゆでた野菜とあえたり、うどんにのせたりしてもよし。

〈保存の目安〉
冷蔵庫で4日間
冷凍庫で10日間

材料（作りやすい分量）
油揚げ…4枚

A ┌ だし汁…200cc
　└ 砂糖、しょうゆ、酒…各大さじ2

作り方
1 油揚げはキッチンペーパーで包んで油分を取り、5mm角に切る。
2 鍋に1とAを入れて弱めの中火にかけ、汁けがなくなるまで煮る。

アレンジ　その1

油揚げとカットわかめのあえ物

水でもどしたカットわかめと油揚げをあえ、一緒にレンチンするだけ。耐熱容器のまま、食卓に出せるイージーおかずです。

材料（2人分）
油揚げの甘辛煮…100g
カットわかめ…2g

作り方
1. カットわかめは水でもどし、水けをきる。
2. 耐熱容器に1と油揚げの甘辛煮を入れてざっと混ぜ、ラップをして電子レンジで1分加熱する。

アレンジ　その2

油揚げとれんこんのさっと煮

れんこんが好きな方も多いはず。「でもいつもきんぴらになっちゃう」のなら、油揚げの甘辛煮を作りおきしておいて。手軽に煮物が完成です。

材料（2人分）
油揚げの甘辛煮…100g
れんこん…100g
しょうが（細切り）…1/2かけ
水…大さじ3
酒…大さじ1
塩…少々

作り方
1. れんこんは皮をむいて3mm厚さのいちょう切りにし、さっと水洗いをする。
2. 鍋に1と残りの材料を入れて中火にかけ、汁けがなくなるまで煮る。

オリーブそぼろ

オリーブや粉チーズをたっぷり加えた洋風の作りおきも意外と便利。お米との相性も悪くないですが、やはりマッチングのよさはパンやパスタが上。じゃがいもにからめてもGOOD。

〈保存の目安〉
冷蔵庫で5日間
冷凍庫で10日間

材料（2人分）
豚ひき肉…200g
A ┌ オリーブ（種なし・黒、緑などみじん切り）…100g
　├ 粉チーズ…大さじ1
　└ 片栗粉…大さじ1/2
にんにく（みじん切り）…2かけ
塩、こしょう…各少々
サラダ油…大さじ1

作り方
1 フライパンにサラダ油を中火で熱し、にんにくを炒める。香りが立ったらひき肉を加え、木べらなどで押さえつけながらポロポロになるように炒める。
2 肉の色が変わったらAを加えて炒め、塩、こしょうで味をととのえる。

アレンジ　その1

そぼろのせ しいたけ蒸し

しいたけの傘にそぼろをのせて蒸し焼きにするだけのシンプルレシピですが、バター風味もあいまって、うまみがじんわり、口の中に広がります。

材料（2人分）

オリーブそぼろ…100g

しいたけ（軸を除く）…6個

バター…小さじ1

パセリ（ちぎる）…適量

作り方

1. フライパンにバターを入れて中火で熱し、しいたけの傘の裏側から焼く。1分ほど焼いたら返してオリーブそぼろをのせる。
2. ふたをして弱火にし、1分蒸し焼きにする。
3. 器に盛り、パセリをのせる。

アレンジ　その2

ブロッコリーの そぼろがらめパスタ

にんにく入りのそぼろはパスタとの相性抜群。パスタと一緒にブロッコリーをゆでるから時短に。忙しい日のブランチにもおすすめです。

材料（2人分）

オリーブそぼろ…100g

ショートパスタ…100g

ブロッコリー（小房に分ける）…100g

オリーブ油…大さじ1

塩、こしょう…各適量

作り方

1. 鍋に1500ccの湯を沸かして塩大さじ1（分量外）を加え、パスタをゆでる。ゆで上がる2分前にブロッコリーを加えてゆで、ざるに上げて水けをきる。
2. フライパンにオリーブ油を中火で熱し、1とオリーブそぼろを炒める。塩、こしょうで味をととのえる。

〈保存の目安〉
冷蔵庫で
5日間

えのきの中華風たらこ炒め

えのきだけのつるんとしたのど越しのよさと、プチプチしたたらこの歯ごたえが絶妙なアクセントに。ごま油の香りとたらこのうまみをえのきだけにからませました。これを卵焼きに加えたり、青菜のお浸しとあえたりしても。ごま油を加えずに炒めると、あっさりした和風テイストに。

材料（作りやすい分量）

えのきだけ…200g

たらこ…1〜2腹（約100g）

ごま油…大さじ1

酒…大さじ2

作り方

1 えのきだけは根元を除き、1cm長さに切る。たらこは皮に切り目を入れて身をこそげる。

2 鍋にごま油を中火で熱し、えのきだけを入れて軽く炒め、たらこを加えて酒をふる。

3 箸でたらこをほぐすように混ぜながら、えのきだけがしんなりするまで炒める。

梅鮭ほぐし

サーモンピンクの色鮮やかな作りおき。鮭は紅鮭を選ぶと見た目も華やぎ、食もすすみます。レンジ加熱の2回目は、余分な水分をとばすため。お蔭でパラリと仕上がります。

〈保存の目安〉
冷蔵庫で5日間
冷凍庫で10日間

材料（2人分）
塩鮭…2切れ
梅干し（種を取り、包丁でたたく）
　…1〜2個
酒…大さじ1

作り方

1. 鮭は耐熱皿に並べて酒をふる。ふんわりラップをかけて電子レンジで2分加熱し、粗熱を取る。
2. 骨、皮、血合いなどを取って耐熱のボウルに移し、泡立て器でほぐす（写真下）。
3. 梅干しを加えて電子レンジでラップなしで1分30秒加熱し、粗熱を取ってあえる。

＊辛塩鮭、または甘塩鮭で作ってください（甘塩鮭なら塩を少々加えて）。

鮭をたたくように泡立て器を動かすと、ほぐれやすい。

さばそぼろ

さばの鮮度がおいしさを左右します。新鮮なものが手に入ったら、作ってみて。うまみがぎゅっと詰まり、甘じょっぱくて懐かしい味わいです。炊きたてご飯と食べるのはもちろん、焼きうどんやちらしずしの具にしてもおいしい。こんにゃくやにんじん、ごぼうのみじん切りを加えても。

材料（2人分）
さば（三枚おろしのもの）…2枚
干ししいたけ…80g

A ┌ 干ししいたけのもどし汁、酒、
　│ 　みりん、みそ…各大さじ3
　│ 砂糖…大さじ2
　└ しょうゆ…大さじ1

しょうが（すりおろす）…2かけ

〈保存の目安〉
**冷蔵庫で3日間
冷凍庫で10日間**

作り方
1 干ししいたけは水100ccでもどし、みじん切りにする。
2 さばはスプーンで身だけこそげる(写真右)。
3 鍋に1、2、Aを入れて中火にかけ、箸で混ぜながら加熱する。
4 さばの色が変わってきたらしょうがを加え、煮汁がなくなるまで弱めの中火で煮る。

さばは頭から尾に向かってスプーンを動かすのがコツ。こうすると、小骨も取れる。

豆腐のそぼろふりかけ

木綿豆腐はできればかためのものを選んで。歯ごたえがよく、うまみをしっかりと含んでくれます。白ごまを加えたり、みそを大さじ1加えたりしても風味豊か。チャーハンの具にしたり、サラダにふりかけたりと、いろいろアレンジがききます。

〈保存の目安〉
冷蔵庫で5日間

材料（2人分）
木綿豆腐…1丁（300g）
A ┌ 砂糖…大さじ2
　├ しょうゆ…大さじ1
　└ 塩…少々

作り方
1 豆腐は水けを軽くきり、小さくちぎって鍋に入れる。
2 鍋を中火で熱し、へらでさらに細かくなるようにつぶしたらAを加える。
3 いりつけながら、汁けがなくなるまで炒める。

column 2

あると便利な作りおき ドレッシング&たれ

マッシュルームペースト

あれこれ使えるマッシュルームペースト。きのこのうまみとたっぷりバターがコクをプラス。

材料（作りやすい分量）と作り方

1. マッシュルーム200gは、かたく絞ったふきんで汚れをはらい、みじん切りにする。
2. フライパンにバター大さじ4を中火で熱し、マッシュルームを焦がさないように炒める。しっとりしてきたら塩、こしょう各少々で味をととのえる。

＊トーストサンドにしたり、パスタにからめたりするほか、鶏肉に塗って焼いたり、マヨネーズに混ぜたりしても。
＊細かく刻むとなめらかに、ざっくり切るとマッシュルームの味が極立ちます。

保存は
冷蔵庫で1週間
冷凍庫で2週間

ソテーした肉に

材料（2人分）と作り方

1. ヒレ肉200gは塩、こしょう各少々をふる。
2. フライパンにバター大さじ1を中火で熱し、①を両面ソテーしたらマッシュルームペーストをのせ、水大さじ1を加えてふたをし、蒸し焼きにする。
3. 器に盛り、ゆでたいんげん2〜3本を食べやすく切って添える。

粉ふきいもと

材料（2人分）と作り方

1. じゃがいも2個は皮をむいて大きめに切り、鍋に入れる。ひたひたの水と塩小さじ1/2を加え、中火にかける。
2. 串が刺さるまでゆでたら水けをきり、粉ふきいもにして水分をとばす。
3. ざっくりとつぶし、マッシュルームペースト大さじ3をからめ、塩、こしょう各少々で味をととのえる。

第三章
つけて楽ちん、作りおき

あらかじめ合わせたつけ汁に素材をつければ、あとはそのまま食べられる、あるいは焼くだけ、レンチンだけ、というつけおきおかずも便利。楽シニアにはおすすめの調理法です。味がしっかり素材にしみているので味わい豊か、そして最後の味つけはしなくてもいいので、本当に楽ちん。
肉や魚だけでなく、野菜やフルーツのつけおきも用意しました。お酒のちょっとしたおつまみに、朝のおかずにと、いろいろなシーンで活躍します。

豚肉のおろし玉ねぎづけ

玉ねぎのすりおろしでつけ込んだ、ふんわりお肉の甘辛味。簡単なのにおいしいこのレシピは、繰り返し作りたくなるおかずです。焼くときに焦げやすい点だけ、ご注意を。

調理するのは
冷蔵庫に1時間以上おいてから
保存の目安（調理前）
冷蔵庫で3日間

材料（2人分）
豚薄切り肉…200g
A ┌ 玉ねぎのすりおろし…大さじ3
　├ しょうゆ…大さじ2
　└ はちみつ…大さじ1
かぼちゃ（薄切り）…200g
サラダ油…大さじ1

作り方
1. 保存袋にAを入れて混ぜ、豚肉を広げて加え、もむ。空気を抜き、冷蔵庫で1時間以上おく。
2. フライパンにサラダ油を中火で熱し、かぼちゃを両面焼いて火を通す。
3. 2のかぼちゃを取り出し、1をつけ汁ごと入れて焼く。

他にはこんな素材でも
牛薄切り肉、たら、さわらなど。

タンドリーチキン カレーヨーグルト

人気のタンドリーチキンが家でも簡単に作れます。1時間つければ調理できますが、3時間以上つけるとより本格的な味。大人テイストがお好みなら、タバスコを加えても。

調理するのは
冷蔵庫に1時間以上おいてから
保存の目安（調理前）
冷蔵庫で2日間

材料（2人分）
鶏胸肉…2枚
塩…小さじ1/2
こしょう…適量
A ┌ トマトケチャップ…大さじ1
　├ プレーンヨーグルト…大さじ1
　└ カレー粉…小さじ1
ピーマン（へたと種を除き、縦半分に切る）
　…2個

作り方
1. 鶏肉は皮を取り、厚みのあるところは包丁を入れて開き、塩、こしょうをする。
2. 保存袋にAを入れて混ぜ、1を加えてもむ。空気を抜き、冷蔵庫で1時間以上おく。
3. 魚焼きグリルで、2の鶏肉とピーマンを両面焼く。

<u>他にはこんな素材でも</u>
豚もも肉、たらなど。

牛肉のバーベキュー焼き

つけ込みだれにキウイのすりおろしを加えると、肉がぐっとやわらかくなることをご存じでしたか？ キウイの甘みと酸味もプラスされ、より味わい深い一品に。

調理するのは
冷蔵庫に1時間以上おいてから
保存の目安（調理前）
冷蔵庫で3日間

材料（2人分）
牛薄切り肉（食べやすく切る）
　…200g
A ┌ トマトケチャップ…大さじ1
　│ 焼き肉のたれ（市販）
　│ 　…大さじ2
　│ キウイ（皮をむいてすりおろす）
　└ 　…1/4個
サラダ油…大さじ1
長いも（皮つきのまま1cm幅に切る）…8cm

作り方

1. 保存袋にAを入れて混ぜ、牛肉を加えてもむ。空気を抜き、冷蔵庫で1時間以上おく。
2. フライパンにサラダ油を中火で熱し、長いもを両面こんがりと焼いて取り出し、1を汁ごと加えて焼く。

他にはこんな素材でも
豚ばら肉、鶏もも肉、かじきなど。

豚ロースの塩麹づけ

塩麹には豚肉に下味をつけるだけでなく、肉をやわらかくしてくれる働きもあります。じっくりとつけ込み、じんわりとにじみ出すうまみを味わって。

調理するのは
冷蔵庫に1時間以上おいてから
保存の目安（調理前）
冷蔵庫で2日間

材料（2人分）
豚ロース肉（一口大に切る）…2枚
A ┬ 塩麹…大さじ3
　└ 酒…大さじ1
エリンギ（半分に割く）…2本

作り方

1 保存袋に豚肉とAを入れてよくもむ。空気を抜き、冷蔵庫で1時間以上おく。

2 魚焼きグリルで、1の豚肉とエリンギを両面、香ばしく焼く。

他にはこんな素材でも
ささ身や鮭、たら、さわらなど。

にんにくみそチャーシュー

つけ込んだ豚肉を電子レンジで手軽に調理。にんにくの風味がぐっと食欲をそそります。レンジの代わりにオーブン（170度で約20分）で焼くと、より香ばしい仕上がりに。

調理するのは
冷蔵庫に1時間以上おいてから
保存の目安（調理前）
冷蔵庫で2日間
＊加熱したあとはラップをし、冷蔵庫で5日

材料（2人分）
- 豚チャーシュー用肉…300g
- 塩…小さじ1/2
- A
  - にんにく（薄切り）…1かけ
  - みそ…大さじ3
  - 砂糖…大さじ1と1/2
  - 酒…大さじ1
  - しょうゆ…小さじ1
- サラダ菜…適量

作り方
1. 豚肉は塩をふり、よくもんで2分おく。
2. 保存袋に1とAを入れてもむ。空気を抜き、冷蔵庫で1時間以上おく。
3. 耐熱皿に肉をのせてラップをし、電子レンジで8〜9分加熱したらそのまま冷ます。
4. 薄く切り、器に盛ってサラダ菜を添える。

＊加熱の途中、できれば一度、返して。

他にはこんな素材でも
鶏もも肉、牛ももかたまり肉など。

いかのパセリオイルづけ

いかはしょうゆづけも香ばしいですが、洋風仕上げも GOOD。バーベキューに持っていくときも便利です。なお、いかは火を通しすぎるとかたくなるので、短時間加熱でさっと加熱して。

調理するのは
冷蔵庫に1時間以上おいてから
保存の目安（調理前）
冷蔵庫で3日間

材料（2人分）

A ┌ いか…小1杯
　│ パセリ（みじん切り）…2枝
　│ 玉ねぎ（1cm幅のくし形切り）
　│ 　…1/2個
　└ オリーブ油…大さじ2
塩、こしょう…各適量

作り方

1 いかはわたを取り、洗って輪切りにする。足は食べやすく切る。パセリはキッチンペーパーに包んで水けを取る。

2 保存袋にAを入れてよくもみ、空気を抜いて冷蔵庫で1時間以上おく。

3 フライパンを中火で熱し、2をつけ汁ごと入れて炒める。塩、こしょうで味をととのえる。

他にはこんな素材でも

鶏胸肉、たこ、殻つきえび、帆立てなど。

フレッシュトマトの帆立てマリネ

新鮮なトマトと帆立ては好相性。帆立てもさっと火を通したほうがふんわりやわらかです。カットするときは繊維を断ち切るよう、縦半分ではなく厚さを半分にスライスして。

調理するのは
冷蔵庫に1時間以上おいてから
保存の目安（調理前）
冷蔵庫で2日間

材料（2人分）

A
- トマト…2個
- 帆立て貝柱（厚さを半分に切る）…5個
- レモンの輪切り（半月型に切る）…2枚
- オリーブ油…大さじ2

ズッキーニ（5mm厚さの輪切り）…1/2本
塩、こしょう…各適量
オリーブ油…大さじ1

他にはこんな素材でも
ささ身、かじき、たらなど。

作り方

1 トマトはへたを取り、横半分に切る。大きめの種を取り、1cm角に切る。

2 保存袋にAを入れ、空気を抜いて冷蔵庫で1時間以上おく。

3 フライパンにオリーブ油を中火で熱し、ズッキーニを両面焼いて軽く塩、こしょうをし、取り出す。

4 3のフライパンに2（レモンを除く）を入れて強火で炒め、塩、こしょう各少々をする。帆立てに火が通ったらズッキーニとともに器に盛る。

お手軽昆布締め

昆布締めと聞くとむずかしそうに感じるかもしれませんが、市販の塩昆布を使っているので、超お手軽。お刺身が余ってしまったときもやってみて。これをお茶漬けにしてもおいしい。

食べるのは
冷蔵庫に1時間以上おいてから
保存の目安（調理前）
冷蔵庫で2日間

材料（2人分）
白身魚の刺身…100g
塩昆布…5g
酒…大さじ1
三つ葉の茎など、しょうゆ、練りわさび…各適宜

作り方
1 保存袋に刺身、酒、塩昆布を入れてなじませ、空気を抜いて冷蔵庫で1時間以上おく。
2 取り出して器に盛り、好みで三つ葉の茎を切って散らし、しょうゆなどをかけ、わさびを添えても。

他にはこんな素材でも
いかやぶりの刺身など。

枝豆のだし浸し

さやの両端を少し切るのは、枝豆の中まで味をしみ込ませるため。ほんの少しのひと手間がおいしさにつながります。夏以外なら、冷凍の枝豆でどうぞ。

食べるのは
冷蔵庫に1時間以上おいてから
保存の目安
冷蔵庫で3日間

材料（2人分）
枝豆（さやつき）…200g

A ┌ だし汁…200cc
　├ しょうゆ…大さじ1
　└ 赤唐辛子（小口切り）…1/2本

作り方
1. 枝豆はさやの両端を除き、よく塩（分量外）でもんでから熱湯でゆでる。5〜6分ゆで、ざるに上げる。
2. 鍋に1とAを入れて中火にかけ、2〜3分煮たら火を止める。
3. そのまま冷まし、保存容器に入れて冷蔵庫で1時間以上おく。

＊冷凍の枝豆を使うときは、水洗いしてからさやの両端を除いてAと煮る。

他にはこんな素材でも
そら豆、いんげんなど。

焼き野菜のマリネ

野菜やきのこ類は焼きたてのうちに調味料へつけ込んだほうが、味がよくしみます。長いもは皮つきのまま焼くと香ばしいので、皮ごとよく洗ってそのまま焼いて。

食べるのは
冷蔵庫に1時間以上おいてから
保存の目安
冷蔵庫で3日間

材料（2人分）
- ズッキーニ…小1本
- 長いも…10cm
- しいたけ…3個
- エリンギ…2本
- A
  - ポン酢、オリーブ油…各大さじ2
  - 塩…少々

作り方
1. ズッキーニは4cm長さに切り、縦4等分に切る。長いもは皮つきのまま1cm厚さの輪切りにする。しいたけは石づきを除き、半分に切る。エリンギは長さを半分に切り、縦4等分に切る。
2. 魚焼きグリルで1をそれぞれこんがりと焼く。
3. 熱いうちに、混ぜ合わせたAにからめて保存容器に入れ、冷蔵庫で1時間以上おく。

他にはこんな素材でも
ゆで竹の子、うどなど。

カラフルピクルス

口直しにいいし、お酒のお供としてもうれしい一品。冷蔵庫内の片づけにもなります。野菜（アスパラガスやいんげん、葉物野菜など色の変わる野菜は避けて）はもちろん、フルーツでもおいしくつかります。

食べるのは
冷蔵庫に1時間以上おいてから
（できれば一晩）
保存の目安 冷蔵庫で3週間

材料（作りやすい分量）
パプリカ（赤、黄）…各1/2個
きゅうり（乱切り）…2本
にんじん（乱切り）…1本
みょうが（縦4等分）…3本
　　など、好みの野菜を計500g程度
A ┌ 白ワイン、水…各100㏄
　├ 酢、または白ワインビネガー…150㏄
　├ 砂糖…30g
　├ 塩…3g
　└ ローリエ、黒粒こしょう、
　　 赤唐辛子など…各適量

作り方

1 パプリカはへたと種を取り、1.5㎝角に切る。

2 ボウルに野菜を入れ、塩大さじ1（分量外）をまぶす。30分ほどして水けが出たらよくきる。

3 鍋にAを入れて中火にかけ、沸騰したら火を止める。粗熱が取れたら野菜と合わせて保存容器に入れ、冷蔵庫で1時間以上（できれば一晩以上）おく。

他にはこんな素材でも

大根、白菜、かぶ、キウイ、りんご、なしなど。

フルーツマリネ

フルーツのフレッシュな味わいそのままのマリネ。「食べてみたら甘くなくてがっかり」というフルーツこそ、このマリネには最適です。がっかりせずに喜んでマリネにしてください。このまま食べてもいいし、ヨーグルトに添えたりジュースに加えても。

食べるのは
冷蔵庫に1時間以上おいてから
保存の目安
冷蔵庫で2日間

材料（2人分）
キウイ、グレープフルーツ…各1個
はちみつ…大さじ2〜3
レモン（薄切り）…1/2個

作り方

1 フルーツは食べやすく切る。
2 保存容器に材料をすべて入れてあえ、冷蔵庫で1時間以上おく。

他にはこんな素材でも
なし、メロン、もも、すいか、いちごなど。

column 3

あると便利な作りおき ドレッシング&たれ

山椒じょうゆ

ピリリとした山椒が独特の風味をプラス。山椒の旬は初夏。店頭に並び出したら作ってみて。

材料（作りやすい分量）と作り方
しょうゆカップ1に山椒の実（つくだ煮でもOK）カップ1/3を入れ、冷蔵庫で1週間以上おく。

＊できれば、たまりじょうゆなどコクのあるしょうゆにつけて。
＊煮魚の調味料、焼き肉のたれ、炒め物の味つけにも。

保存は冷蔵庫で1年

豆腐に
冷ややっこにかける。

薬味だれ

かけるだけで中華の味わい。たっぷりの香味野菜が奥深いアクセントに。

材料（作りやすい分量）と作り方
長ねぎ20cm、しょうが2かけ、にんにく1かけをすべてみじん切りにしてボウルに入れ、ごま油大さじ4、酢大さじ2、塩小さじ1/2を加えて混ぜる。

＊これも冷ややっこにかけたり、ゆでた青菜とあえても。

保存は冷蔵庫で1ヵ月

レンチンした肉に
1　鶏胸肉200gは余分な皮を取り、酒大さじ1、塩少々をふる。
2　ふんわりラップをかけて電子レンジで2分30秒加熱し、そのまま冷まして割く。
3　器に盛り、薬味だれをかける。

第四章
残り素材で
小さな作りおき

「1株だけ残っていた青菜が冷蔵庫の隅っこでシナシナになっていた」なんていうこと、ありませんか。自分と相方だけ、あるいは自分の分だけだと食材が使いきれないというとき、そんな残り素材で作りおきするのもおすすめです。少量なのですぐできるし、適度な箸休めになってくれるので、あるとほっとする一品ばかり。
さらには、だしをとった昆布や湿気ってしまったのり、たくさんもらったゆずや食べきれなかったナッツの使い道など、重宝レシピをまとめてみました。

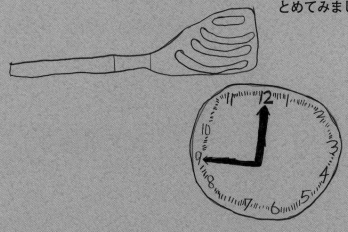

なすの
レンジ蒸し

なすはラップをしたまま保存して。
ごまだれとぴったり。

〈保存の目安〉
なすをラップ
したまま、
冷蔵庫で
2日間

材料（2人分）と作り方

1. なす1本はへたを除いてラップで包み、電子レンジで1分加熱する。
2. ラップをしたまま冷水につけ、色止めする。

  ＊食べるときにラップをはずして水けを絞り、食べやすく切る。ごまだれ（すり白ごま大さじ1、マヨネーズ大さじ2、しょうゆ小さじ1を混ぜる）や、しょうがじょうゆをかけてどうぞ。

きゅうりの
おかかしょうゆ

定番の組み合わせ。きゅうりはたたくと、より味がしみ込みます。

材料（2人分）と作り方

1. きゅうり1本はへたを除いてたたき、一口大に切る。
2. 1をボウルに入れ、しょうゆ大さじ1〜2、削り節大さじ2を加えてあえる。

〈保存の目安〉
冷蔵庫で
3日間

かぼちゃの塩レンジ蒸し

塩だけなので素材の持ち味が生きます。食べる前に皮をはずしても。

〈保存の目安〉
冷蔵庫で3日間

材料（2人分）と作り方
1. かぼちゃ300gは種とわたを取り、全体に塩小さじ1/2をふる。ふんわりラップをかけて電子レンジで4分加熱し、すっと串が刺さればOK。
2. そのまま冷まし、手で大きく割って塩少々をふる。

大根皮のきんぴら

皮は厚めにむくとうまみがアップ。好みで七味唐辛子をふって。

〈保存の目安〉
冷蔵庫で3日間

材料（2人分）と作り方
1. 大根の皮5cm分は細切りにする。
2. 鍋にごま油小さじ2を中火で熱し、1を炒める。
3. しんなりしたら、砂糖、しょうゆ、水各大さじ1を加えて汁けがなくなるまで炒める。

香り野菜の ごま炒め

三つ葉やせり、根三つ葉など 旬の野菜で作ってみて。

材料（2人分）と作り方
1. 香り野菜（三つ葉、根三つ葉、せりなど）150gは洗って3cm長さに切る。
2. 鍋にサラダ油大さじ1を中火で熱し、1を炒める。
3. しんなりしたら、酒大さじ1、塩少々を加え、汁けがなくなるまで中火で炒め、仕上げにいり白ごま大さじ2を加えて混ぜる。

〈保存の目安〉
冷蔵庫で3日間

アボカドディップ

そのままだと変色しますが、冷凍すれば大丈夫。

材料（2人分）と作り方
1. アボカド1個は半分に切って種を取り、皮をむいてボウルに入れ、スプーンでつぶす。
2. 塩小さじ1/3、こしょう少々、レモン汁大さじ1、好みの油（オリーブ、ココナッツなど）大さじ1を加えて混ぜる。
3. 器に盛り、粗びき黒こしょうをふる。
   *バケットの薄切りを添えても。

〈保存の目安〉
冷凍庫で5日間

うどの皮つききんぴら

春になったら作りたい、
旬ならではの味わい。

〈保存の目安〉
冷蔵庫で
5日間

材料（2人分）と作り方

1. うど150gは皮をたわしなどでこすって汚れを取る。皮つきのままささがきにし、水に3分さらして水けをよくきる。
2. 鍋にごま油大さじ1を中火で熱し、じゃこ15gを炒めて1を加える。
3. 酒、しょうゆ（あれば薄口）各大さじ1を加え、汁けがなくなるまで炒める。

青菜ベーコン

青菜を入れてから
よく炒めると、より美味に。

〈保存の目安〉
冷蔵庫で
3日間

材料（2人分）と作り方

1. 青菜（大根の葉、小松菜など）200gは洗い、みじん切りにする。ベーコン2枚は細切りにする。
2. 鍋にサラダ油大さじ1を中火で熱し、1のベーコンを炒める。
3. ベーコンの脂が出てきたら青菜を加えて強火にし、青菜から出た水分がなくなるまで炒める。しょうゆ、こしょう各少々で味をととのえる。

ささ身レモン

しょうゆをかけてもおいしい。うどんにのせたりサラダに加えても。

材料（2人分）と作り方

1. ささ身4本は筋を取って耐熱皿にのせ、塩少々、酒大さじ1をふり、輪切りにしたレモン2枚をのせる。
2. ふんわりラップをかけて電子レンジで1分30秒〜2分加熱し、そのまま冷まして割く。

〈保存の目安〉
冷蔵庫で3日間

だし昆布の梅干し煮

だしをとったあとの昆布もうまみたっぷりの作りおきに。

材料（作りやすい分量）と作り方

1. だしをとったあとの昆布（P10参照）はせん切りにする。
2. 鍋に1と梅干し1個、水カップ2を入れて弱火にかけ、昆布がやわらかくなるまで煮る。
3. 汁けがほとんどなくなったら、しょうゆ、みりん各大さじ1を加えてからめる。

〈保存の目安〉
冷蔵庫で1週間

ラーパーツァイ

そのままでもおいしいですが、
30分以上おくと味がしみます。

材料（2人分）と作り方

1. 白菜3～4枚（300g）は縦半分に切り、繊維を切るように細切りにする。
2. ボウルに**1**を入れ、塩小さじ1をふってもみ、水けを絞る。砂糖大さじ2、酢大さじ3を加えてからめる。
3. 赤唐辛子の小口切り1/2本分をのせてごま油大さじ2を熱してかけ、よく混ぜて味をなじませる。

〈保存の目安〉
冷蔵庫で**1週間**

豆腐高菜

ポン酢をからめると
一段とさっぱり食べられます。

材料（2人分）と作り方

1. 木綿豆腐1/2丁はキッチンペーパーで包んで水けをきり、手でくずしてボウルに入れる。
2. からし高菜漬け（あればごま油風味）25gを食べやすく切って**1**のボウルに加え、さっと混ぜる。好みでポン酢大さじ1をかける。

〈保存の目安〉
冷蔵庫で**2日間**

のりの簡単つくだ煮

食べきれずに湿気たのりとは思えないおいしさです。

材料（作りやすい分量）**と作り方**

1. 鍋に焼きのり10枚をちぎって入れ、水200ccを注いでふやかす。
2. 酒大さじ1、みりん大さじ2、しょうゆ大さじ3を加えて弱火にかける。
3. 焦がさないようにときどき混ぜ、つやよく照りが出てくるまで煮つめる。

〈保存の目安〉
冷蔵庫で
1週間

はちみつナッツ

つけ込むほど、はちみつがナッツにしみ込みます。

材料（作りやすい分量）**と作り方**

ドライフルーツ（いちじく、あんずなど）100g、ローストミックスナッツ100gをざく切りにして保存容器に入れ、はちみつ150gをかけてつけ込む（3日後から食べられる）。

＊1週間以上つけると味がしみて、よりおいしくなる。

〈保存の目安〉
冷蔵庫で
1ヵ月
（取り出すときは清潔なスプーンで）

ゆずはちみつ

寒い日には、ゆず茶に。
朝食にはトーストにのせて。

材料（作りやすい分量）**と作り方**

1. ゆず1個は、皮はせん切りにし、房は薄皮を除いて種を取り、ざく切りにする。
2. はちみつ100gと混ぜて保存容器に入れ、室温でそのまま一晩おく。

＊写真は、熱湯150ccを注ぎ、ゆず茶にしたもの。

〈保存の目安〉
冷蔵庫で1ヵ月

作りおきではないのですが、ぜひ、紹介したいレシピです。手早く作って、でも手早く作ったとは思えないくらい、じんわりしたおいしさを味わってください。

極楽澄まし汁

材料（1人分）と作り方

器に、とろろ昆布15g、削り節5g、しょうゆ（P70の山椒じょうゆ、P10のだしじょうゆなどでも）少々、あれば飾り麩3〜4個を入れて熱湯140ccを注ぐ。

"全部大好きですが、あえていうなら
P40の玉ねぎドレッシングが特に好き"

藤野嘉子　Fujino Yoshiko

学習院女子高等科卒業後、香川栄養専門学校製菓科入学。在学中から料理家に師事。フリーとなり、雑誌、テレビ（NHK「きょうの料理」）、講習会などで料理の指導をする。「誰でも簡単に、家庭で手軽に作れる料理」「自然体で心和む料理」を数多く紹介し、その温かな人柄にファンも多い。
著書に『朝がんばらなくていいお弁当』（文化出版局）、『料理の基本　おいしい和食』（永岡書店）、『一汁一菜でいい！　楽シニアごはん』（講談社）など多数。夫はフレンチレストラン「カストール」のシェフ、藤野賢治氏。

撮影協力	藤野賢治	「私はP70の山椒じょうゆが好きですね」
調理アシスタント	藤野貴子	「P17の白菜とハムのクリーム煮です。昔、よく作ってもらった母の味」
撮影	青砥茂樹（本社写真部）	「P66の枝豆のだし浸しが意外でよかったな」
スタイリスト	吉岡彰子	「P64のフレッシュトマトの帆立てマリネが好き」
イラスト	ラリヴィエレ有土	「ぼくはP58の豚肉のおろし玉ねぎづけが大好きです」
	ラリヴィエレ叙晏	「P37のクリームじゃがのチーズグラタンがいいです」
ブックデザイン	高市美佳	「私のお気に入りはP70の薬味だれとP65のお手軽昆布締め」
構成・編集	橘内美佳	「P50のオリーブそぼろが好きです」

講談社のお料理BOOK
がんばらなくていい！ 楽(らく)シニアの作(つく)りおき
2017年3月16日　第1刷発行

著　者　藤野嘉子(ふじのよしこ)
©Yoshiko Fujino 2017, Printed in Japan
発行者　鈴木　哲
発行所　株式会社 講談社
　　　　〒112-8001 東京都文京区音羽2-12-21
　　　　電話　編集　（03）5395-3527
　　　　　　　販売　（03）5395-3606
　　　　　　　業務　（03）5395-3615
印刷所　凸版印刷株式会社
製本所　株式会社若林製本工場

落丁本・乱丁本は、購入書店名を明記のうえ、小社業務あてにお送りください。
送料小社負担にてお取り替えいたします。
なお、この本についてのお問い合わせは、生活文化部 第一あてにお願いいたします。
本書のコピー、スキャン、デジタル化等の無断複製は著作権法上での例外を除き禁じられています。
本書を代行業者等の第三者に依頼してスキャンやデジタル化することは、たとえ個人や家庭内の利用でも著作権法違反です。

定価はカバーに表示してあります。
ISBN978-4-06-299690-7